BEI GRIN MACHT SICH IHR WISSEN BEZAHLT

- Wir veröffentlichen Ihre Hausarbeit,
  Bachelor- und Masterarbeit

- Ihr eigenes eBook und Buch -
  weltweit in allen wichtigen Shops

- Verdienen Sie an jedem Verkauf

Jetzt bei www.GRIN.com hochladen und kostenlos publizieren

Persönlichkeitspsychologie. Emotionale Intelligenz und IQ

Stefanie Kunath

Bibliografische Information der Deutschen Nationalbibliothek:

Die Deutsche Nationalbibliothek verzeichnet diese Publikation in der Deutschen Nationalbibliografie; detaillierte bibliografische Daten sind im Internet über http://dnb.d-nb.de abrufbar.

ISBN: 9783346588845
Dieses Buch ist auch als E-Book erhältlich.

Das Buch bei GRIN: https://www.grin.com/document/1169786

Einsendeaufgaben

Einsendeaufgabe Alternative C

Abgegeben am 11.10.2020

SRH Fernhochschule

Modul: Persönlichkeitspsychologie

Studiengang: Bachelor Psychologie

Von

Stefanie Kunath
Studiengang: Bachelor Psychologie

Inhalt

Einsendeaufgabe Alternative C

Textteil zu Aufgabe C1

Der Begriff der emotionalen Intelligenz wurde 1990 von den US-Amerikanischen Psychologen John D. Mayer und Peter Salovey eingeführt. Die Emotionale Intelligenz ist ein Fähigkeitsmodell, das ergänzend zum Intelligenzquotienten eingeführt wurde. Mit geringer emotionaler Intelligenz kann ein Mensch in seinem Leben weniger Erfolge verzeichnen, als ein Mensch, der einen hohen Emotionalen Intelligenz Quotient (EQ) hat. Um dies verstehen zu können, ist eine Betrachtung der Definition der Intelligenz von Nöten. Laut einem Zusammenschluss von 52 Forschern kann man die Intelligenz folgendermaßen definieren. „Intelligenz ist eine sehr allgemeine geistige Fähigkeit, die unter anderem die Fähigkeiten zum schlussfolgernden Denken, zum Planen, zum Problemlösen, zum abstrakten Denken, zum Verstehen komplexer Ideen, zum raschen Auffassen und zum Lernen aus Erfahrung einschließt."[1] Des Weiteren sollte festgehalten werden, dass unterschiedliche Meinungen zur Intelligenz bestehen. Die einen sagen, dass man alles auf einen einzigen Intelligenzquotient herabbrechen kann, andere sagen, man muss einzelne Bereiche betrachten.[2] Zweiteres kann als gute Grundlage gesehen werden, dass Forscher auch die Funktionalität mehrerer Bereiche der Intelligenz beachten. Somit auch die Anwesenheit eines weiteren Bereichs, nämlich den der emotionalen Intelligenz. Hierzu ist zudem wichtig festzuhalten, dass die Emotionale Intelligenz nicht im Gegensatz zum klassischen Intelligenzbegriff steht, sondern ihn ergänzt. Die Emotionale Intelligenz umschreibt die Fähigkeit, die eigenen Gefühle und die anderer Personen erkennen zu können und diese beeinflussen zu können.

Salovey und Mayer konzentrierten sich in ihrer Definition des Begriffs auf die zwei Teilbegriffe „Emotion" und „Intelligenz".[3] Es wird als Fähigkeitsmodell betitelt, da es die Fähigkeiten in Bezug auf Wahrnehmung und Verwendung von Emotionen, sowie das Verstehen und den Umgang mit ihnen spezifiziert.[4] Zusammengefasst definieren sie als Emotionen zum einen die mit physiologischen Reaktionen einhergehenden

---

[1] Gerrig/Zimbardo (2008), S.331
[2] Gerrig/Zimbardo (2008), S.331
[3] Vgl. Maltby/Day/Macaskill (2011), S. 692
[4] Vgl. Maltby/Day/Macaskill (2011), S. 693

Gefühle, wie zum Beispiel Glücklichsein und zum anderen Kognitionen, die sich auf die Bewertung der Bedeutung von Emotionen beziehen, wie beispielsweise Lernen von Dingen über sich selbst anhand der eigenen Emotionen. Ergänzend ist die Intelligenz wichtig, da sie benötigt wird, um über gegebene Informationen nachzudenken und daraus Schlüsse zu ziehen. Diese beiden wichtigen Konzepte werden in dem Konzept der „emotionalen Intelligenz" miteinander verbunden.[5] Besitzt man diese Fähigkeit nicht, ist dies ein großes Hindernis, sowohl im Privatleben, als auch im beruflichen Leben. Nachgewiesen wurde die Wichtigkeit der Emotionalen Intelligenz durch eine Forschungsarbeit der beiden Forscher Slaski und Cartwight im Jahre 2002. Sie konnten nachweisen, dass Menschen mit einem hohen Emotionalen Intelligenzquotienten besser im Arbeitsleben zurechtkamen und eine bessere Beurteilung durch ihre Chefs bekamen.[6] Ist ein Mensch fachlich sehr forciert und besitzt einen hohen Intelligenzquotienten, so versteht er Arbeiten auf die theoretische Art. Soll er jedoch mit Menschen kooperieren oder sie leiten und sein emotionaler Intelligenzwert ist im niederen Bereich, wird er sich sehr schwertun.

Der IQ beschreibt das theoretische Wissen und die Intelligenz, die emotionale Intelligenz hingegen beschreibt, wie empathisch ein Mensch sein kann, wie er sich in andere Menschen hineinversetzen kann. Nimmt man beispielsweise einen Menschen, welcher einen überdurchschnittlich hohen IQ hat, allerdings sehr niedrige Werte in der emotionalen Intelligenz, so wird er in der Schule gute Noten mit nach Hause bringen und einen guten Universitätsabschluss haben. Jedoch in der Arbeitswelt wird er stets Probleme haben, da jemand der keine hohe emotionale Intelligenz besitzt kein guter Teamleiter werden wird oder Teamplayer. Er wird in jedem Team anecken, da er nicht erkennen wird, was sein Gegenüber von ihm möchte; ohne, dass dieser es ihm verbal mitteilt. Ebenso wird er die verschiedenen Nuancen, welche die Stimmlage oder die Wortwahl, welche Emotionen vermitteln kann, nicht voneinander unterscheiden können und ist angewiesen darauf, dass die Person ihm gegenüber genau ausformuliert, was er von ihm braucht.

Bei einer solchen Person ist der Aspekt der Wahrnehmung von Emotionen gering vorhanden. Dies ist der erste Aspekt in der Definition der emotionalen Intelligenz nach Salovey und Mayer, welcher weiter unten genauer erläutert wird[7] Um in der Arbeitswelt

---

[5] Vgl. Maltby/Day/Macaskill (2011), S. 693
[6] Vgl. Gerrig/Zimbardo (2008), S. 344
[7] Vgl. Maltby/Day/Macaskill (2011), S. 693

oder auch im Privatleben erfolgreich voran zu kommen, benötigt es Empathie, Selbstwahrnehmung, wie wirke ich auf andere, Teamfähigkeit, emotionale Selbstkontrolle und Konfliktlösefähigkeiten. Dies alles beinhaltet das Vorhandensein von emotionaler Intelligenz. Zieht man im Speziellen das Modell der emotionalen Intelligenz von Salovey und Mayer heran, so sind die Aspekte, welche ein emotional intelligenter Mensch vorweisen muss die folgenden. Erstens, die Fähigkeit, Emotionen genau und angemessen wahrzunehmen, einzuschätzen und auszudrücken. Zweitens, die Fähigkeit, Emotionen und Unterstützung von Denkvorgängen einzusetzen. Drittens, die Fähigkeit Emotionen zu verstehen und zu analysieren und emotionales Wissen effektiv einzusetzen. Viertens, die Fähigkeit, die eigenen Emotionen zu regulieren, um emotionales sowie intellektuelles Wachstum zu fördern.[8] „Diese Definition spiegelt ein neues Verständnis der positiven Rolle von Emotionen in Bezug auf intellektuelle Leistung wieder: Emotionen können das Denken intelligenter machen, und Menschen können intelligent über ihre Emotionen und die anderer nachdenken."[9] Diese vier Aspekte werden von Salovey und Mayer in zwei Bereiche aufgeteilt. Zum einen in den Erfahrungs- und Erlebensbereich und zum anderen in den Strategiebereich. Alle Aspekte, die sich auf das Erleben beziehen oder daraus abgeleitet werden können, gehören in den Erfahrungs- und Erlebnisbereich. Es gibt Unterschiede darin, wie gut Menschen Emotionen durch Wortwahl, Stimmlage und Verhalten bei anderen Menschen feststellen können.

Um in der Lage zu sein, über bestimmte Gefühle zu urteilen und ihrem Denken Prioritäten zu setzen, müssen die Menschen fähig sein, ihre Emotionen zur Unterstützung des Denkens zu nutzen. Sie erkennen außerdem den Zusammenhang zwischen bestimmten Emotionen und der Problemlösefähigkeit.[10]   Der Strategiebereich umfasst alle Aspekte, die sich auf Ziele oder Handlungspläne beziehen.   Anhand des oben genannten Beispiels möchte ich den Unterschied zwischen einer Person, welche einen hohen Intelligenzquotienten hat, jedoch die Ergänzung durch einen hohen Emotionalen Intelligenzquotienten fehlt und einer Person, welche sowohl im allgemeinen Intelligenzquotient, als auch im emotionalen Intelligenzquotient hohe Werte aufweist, darstellen. Nehmen wir an, es gibt in einer Firma zwei Mitarbeiter, welche im gleichen Alter, jedoch von den oben genannten

---

[8] Vgl. Mayer/Salovey/Caruso (2004), S. 197-215
[9] Gerrig/Zimbardo, (2008), S.344
[10] Vgl. Maltby/Day/Macaskill (2011), S. 692-696

Faktoren zwei vollkommen unterschiedliche Menschen sind. Zum einen haben wir Daniel, er ist ein sehr intelligenter Mann, welcher einen überdurchschnittlichen IQ hat, jedoch sehr niedrige Werte beim emotionalen Intelligenzquotienten. Zum anderen gibt es Sven, er hat einen hohen Intelligenzquotienten und einen hohen emotionalen Intelligenzwert. Daniel tut sich in Situationen, wie Teamarbeit und Gesprächen mit seinen Kollegen sehr schwer. Er versteht nicht, was sie für Bedürfnisse haben und was sie ihm durch ihr Verhalten mitteilen möchten. Seine eigenen Arbeiten schließt er jedoch zuverlässig und stets zu dem, von seinem Chef gewünschten Zeitpunkt, ab. Ist einer seiner Kollegen jedoch nicht zufrieden mit der Arbeit, die er erbringt oder sieht etwas anders als er, kann er damit nicht umgehen. Er beginnt einen Streit, den zu lösen er nicht schafft. Hier kommt Sven ins Spiel.

Er hat aufgrund seiner hohen emotionalen Intelligenz gute Konfliktlösefähigkeiten und hilft seinem Kollegen aus der verfahrenen Situation heraus. Auch in anderen alltäglichen Situationen kann Sven stets in vorbildlicher Weise mit seinen Kollegen kommunizieren. In Teamarbeiten übernimmt er stets den Part des Verständnisvollen und hat für jeden ein offenes Ohr. Wenn er einen schlechten Tag hat, aufgrund einer Situation, welche ihm nahe geht, kann er das innerlich reflektieren und weiß deshalb, dass er seine eigene Unstimmigkeit nicht an seinen Kollegen auslassen darf. Als in der Firma nach wenigen Monaten eine Stelle eines Teamleiters ausgeschrieben wird und sich die beiden Herren aus diesem Beispiel bewerben, entscheiden sich die Chefs sehr schnell für Sven, da er eine gute Teamfähigkeit und hohe Empathie-Werte hat. Anhand dieses Beispiels kann man erkennen, warum die emotionale Intelligenz eine wichtige Ergänzung zum allgemeinen IQ darstellt. Um den Einfluss der emotionalen Intelligenz auf die Gesundheit erkennen zu können, möchte ich die einzelnen Aspekte der emotionalen Intelligenz nach Salovey und Mayer heranziehen. Ist man fähig, seine eigenen Emotionen genau und angemessen wahrzunehmen und einzuschätzen[11], kann einem dies im Alltag sehr nützlich sein. Nehmen wir an, ein Mensch besitzt diese Fähigkeit. Er verspürt Wut und kann einsortieren, woher diese Wut kommt; er kann sie lokalisieren. So ist es ihm möglich, die Situation, welche ihn wütend macht, zu beenden oder, was den weiteren Aspekt des ersten Kriteriums miteinschließt, sie auszudrücken. Hierdurch kann er die Wut „herauslassen" oder die Situation ändern, die ihn wütend macht, er „schluckt sie nicht herunter". Hätte er die Fähigkeit nicht würde er nicht

---

[11] Vgl. Mayer/Salovey/Caruso (2004), S. 197-215

erkennen, was ihm Unbehagen bereitet, die Situation könnte nicht verlassen oder durch Konfrontation verändert werden. Er würde durch diese „heruntergeschluckte" Wut ein Unwohlsein verspüren, welches er nicht einordnen könnte und hierdurch im schlimmsten Falle eine physische Reaktion zeigen, etwa Übelkeit oder Atemnot. Dies könnte, wenn es nicht geändert werden würde, zu Krankheiten führen, bei denen ein Arzt, welcher psychologisch nicht geschult ist, die Ursache nicht herausfiltern könnte. Dadurch würde sich bei der Person ein andauerndes Unwohlsein einstellen, welches sich immer weiter nach oben schaukelt. Letztendlich würde die Person also aufgrund der fehlenden Emotionalen Intelligenz krank werden. Auch der zweite Aspekt der Emotionalen Intelligenz, die Fähigkeit, Emotionen zur Unterstützung von Denkvorgängen einzusetzen[12], kann man als wichtigen Aspekt in Bezug auf die Gesundheit ansehen. Durch die Unterstützung von Gefühlen, fällt es Menschen mit hohen Werten in der Emotionalen Intelligenz leichter, nachzudenken. Ihr Gefühl sagt ihnen, ob ihnen eine Situation guttut oder schadet. Kann ein Mensch auf dieses Gefühl hören, fällt es ihm leichter Situationen aufzusuchen, welche gut für ihn sind. Der Körper teilt sich über die Emotionen mit, ob der eingeschlagene Weg für einen Menschen gut ist oder nicht. Kann ein Mensch beispielsweise auf seine eigene Ängstlichkeit hören, welche das Denken beeinflusst, wird er sich fragen, ob er die Situation besser ändern sollte, bevor ihm etwas zustößt. Des Weiteren empfinde ich den vierten Faktor der emotionalen Intelligenz als sehr entscheidend für die Gesundheit. Dieser besagt, dass ein Mensch, welcher eine hohe emotionale Intelligenz besitzt, die Fähigkeit hat, die eigenen Emotionen zu regulieren, um emotionales sowie intellektuelles Wachstum zu fördern.[13] Durch die Regulierung der Emotionen kann der Mensch sich besser im Alltag und im Berufsleben zurechtfinden. Er kann ein angemessenes Stresslevel halten, ohne darüber hinaus zu gehen. Umso besser ein Mensch sein Stressempfinden regulieren kann, umso besser ist dies letztendlich auch für seine Gesundheit. Erhöhter Stress führt dazu, dass ein Mensch krank wird, da die Immunabwehr schlechter funktioniert. Somit ist es gesundheitsfördernd, wenn ein Mensch abschätzen kann, welche Situationen ihn in Stress beziehungsweise Angst versetzen und in den Situationen bewusst seine Emotionen regulieren kann. Zusammenfassend möchte ich feststellen, dass die emotionale Intelligenz als gesundheitsrelevanter Faktor angesehen werden kann.

---

[12] Vgl. Mayer/Salovey/Caruso (2004), S. 197-215
[13] Vgl. Mayer/Salovey/Caruso (2004), S. 197-215

Textteil zu Aufgabe C2

Um sich mit dem Thema Soziale Unterstützung zu befassen, möchte ich zunächst die allgemeine Definition erwähnen, um dann auf die genaue Fragestellung einzugehen. „Soziale Unterstützung, bezeichnet hier Ressourcen, die andere Menschen bereitstellen, indem sie die Botschaft vermitteln, dass man geliebt, umsorgt, wertgeschätzt und mit anderen Menschen in einem Netz von Kommunikation und gegenseitiger Verpflichtung verbunden ist."[14] Es ist nachgewiesen, dass es für den Menschen essentiell wichtig ist, soziale Beziehungen zu unterhalten. Dies gilt sowohl für die Gesundheit, als auch für das allgemeine Wohlbefinden. Wer gute soziale Beziehungen pflegt, dem fällt vieles im Leben leichter, was im weiteren Verlauf dieser Arbeit erläutert werden wird. Die soziale Unterstützung wird seit kurzem in quantitative und qualitative Merkmale untergliedert. So werden die Merkmale sozialer Interaktionen klarer voneinander abgetrennt. Ein Beispiel hierfür ist Antonucci, welcher zwischen „sozialem Netzwerk" und „sozialer Unterstützung" unterscheidet.[15] Hier soll es nun im speziellen um die soziale Unterstützung gehen. „Soziale Unterstützung umfasst den qualitativen Aspekt von Hilfsinteraktionen zwischen einem Unterstützungsgeber und einem Unterstützungsempfänger."[16] Betrachtet man die Definition von Dunkel-Schetter et al.. So wird Soziale Unterstützung beschrieben als Interaktion zwischen zwei Personen. Einem Unterstützungsempfänger, welcher eine Belastung erlebt, wie zum Beispiel eine Krankheit und einem Unterstützungsgeber, welcher versucht, Unterstützung zu leisten.[17] Diese Unterstützung kann folgendermaßen aussehen. Zum einen kann sie durch emotionalen Beistand geschehen, durch instrumentelle Unterstützung, aber auch durch Informationen, welche dem Gegenüber in der gegebenen Situation weiterhelfen. Was versteht man aber nun unter den einzelnen Bereichen? Emotionaler Beistand kann dadurch gezeigt werden, dass man dem Anderen Trost spendet und Zuneigung und Fürsorge zukommen lässt.[18] Instrumentelle Unterstützung kann beispielsweise durch Geld oder benötigte Gegenstände bestehen, aber auch durch Bezahlung von Rechnungen. Informationelle Unterstützung kann durch Beisteuerung von Informationen, welche der Person helfen

[14] Gerrig/Zimbardo (2008), S.483
[15] Vgl. Kienle/Knoll/Renneberg (2006), S.107f
[16] Vgl. Kienle/Knoll/Renneberg (2006), S.108
[17] Vgl. Kienle/Knoll/Renneberg (2006), S.108
[18] Vgl. Borgmann/Rattya/Lampert (2017), S. 117ff

die Situation zu überstehen, oder die Situation zu verlassen bestehen.[19] Laut Hobfoll (2011) wird soziale Unterstützung als externale Ressource aufgefasst, sie bildet zusammen mit anderen Ressourcen das Potenzial, über das eine Person verfügt, um Umweltanforderungen so zu begegnen, dass die Verluste so gering wie möglich ausfallen und die Gewinne maximiert werden.[20] Vertiefend zu diesem Thema lässt sich feststellen, dass es Zusammenhänge zwischen der Sozialen Unterstützung und Gesundheit gibt, die sich empirisch nachweisen lassen. Zunächst muss dabei erwähnt werden, dass es einen Unterschied zwischen wahrgenommener beziehungsweise erwarteter sozialer Unterstützung sowie tatsächlich erhaltener sozialer Unterstützung gibt.[21] „Empirisch konnte gezeigt werden, dass insbesondere die wahrgenommene soziale Unterstützung als psychosoziale Ressource einen Einfluss auf verschiedene Aspekte von Gesundheit haben kann."[22] Es gibt verschiedene Untersuchungen, welche sich mit diesem Thema auseinandersetzen. Insgesamt konnte bei allen diesen Untersuchungen, welche ich in meinen Nachforschungen gelesen habe, eines festgestellt werden.   Die soziale Unterstützung half den Menschen in sehr schwierigen Situationen, besser mit der Situation umzugehen. So konnte in einem Experiment mit Menschen, welche einer Gesichtsoperation unterzogen wurden, festgestellt werden, dass Menschen mit mehr sozialer Unterstützung ihrer Operation mit weniger Angst entgegensahen, sie weniger Anästhetika während ihrer Operation brauchten und weniger lange im Krankenhaus bleiben mussten. Was man hierbei jedoch beachten muss ist, dass die Ergebnisse sich zwischen Männern und Frauen unterschieden. Die emotionale Unterstützung wirkte sich lediglich auf die Frauen merklich aus. Dies könnte daran liegen, dass Frauen sich entwicklungstechnisch leichter tun, soziale Unterstützung anzunehmen.[23] Hierbei ist des Weiteren zu beachten, dass sich soziale Unterstützung nur dann positiv auswirken kann, wenn es die Art von Hilfe ist, welche das Individuum jeweils benötigt. Bekommt eine Person Hilfe aufgedrängt, welche nicht dem entspricht, was sie in der Situation, welche sie sich befindet benötigt, kann es in das Gegenteilige umschwenken und die Person zusätzlich unter emotionalen Druck setzen Sie ist sich dann sicher, dass die Person oder die Personen, welche ihr die, vermeintlich gewünschte, soziale Unterstützung zukommen lassen von ihr erwarten,

---

[19] Vgl. Kienle/Knoll/Renneberg (2006), S.108
[20] Vgl. Kienle/Knoll/Renneberg (2006), S.108
[21] Vgl. Schwarzer/Knoll (2007), S. 243-252
[22] Borgmann/Rattya/Lampert (2017), S. 117ff
[23] Vgl. Gerrig/Zimbardo (2008), S.484

dass sie dankbar ist und schneller gesundet. Jedoch tritt in diesem Fall das genaue Gegenteil ein und die Gesundung wird hierdurch sogar erschwert. [24] Nachdem hier zunächst betrachtet wurde, wie die soziale Unterstützung zur Gesundung beitragen kann, möchte ich nun noch auf die andere Variante eingehen. Nämlich, wie die vorhandene oder fehlende wahrgenommene soziale Unterstützung bewirken kann, dass eine Person zu gesundheitsschädlichen Mitteln greift oder sie nicht nutzt. So ist es nachgewiesen, dass Menschen, welche das Gefühl haben keine soziale Unterstützung zu bekommen eher zu selbstzerstörerischen Handlungen neigen. Diese beinhalten zum einen den übermäßigon Konsum von Alkohol und Zigaretten, kann aber auch im schlimmsten Fall zu einem erhöhten Mortalitätsrisiko führen, da diese Menschen sich einreden, dass sie keinen Menschen haben, den es belastet, wenn es ihnen schlecht geht oder es sie nicht mehr gibt. Außerdem konnte sowohl bei Männern als auch bei Frauen in allen Altersstufen, welche keine bis kaum soziale Unterstützung wahrnehmen, nachgewiesen werden, dass diese eher zur Entwicklung einer Depression neigen.[25] Hat man jedoch soziale Unterstützung durch beispielsweise Freunde und Familie so kann dies bewirken, dass man eine niedrigere Stressanfälligkeit hat, wie Holahan et al. nachgewiesen hat. Man kann beruflichen Stress, Arbeitslosigkeit, Scheidungen oder Krankheiten leichter bewältigen.[26] Nachdem nun wie oben beschrieben definiert wurde, dass Menschen, welche soziale Unterstützung erhalten, sowohl weniger dazu neigen erhöhten Stress zu empfinden und hierdurch zu selbstzerstörerischem Verhalten zu neigen, als auch empfänglicher für Behandlungen und schnellere Genesung zu sein, stellt sich nun die Frage, ob und inwieweit eine stabile Partnerschaft bei der Bewältigung einer chronischen Krankheit positive Effekte haben kann. Um dieser Frage beizukommen, möchte ich sowohl pro als auch contra betrachten, um anschließend eine mögliche Antwort hierauf zu definieren. Dafür spricht, dass sich in einer funktionierenden Partnerschaft, beide Parteien beistehen, egal was geschieht, so auch verständnisvoll auf eine chronische Erkrankung reagieren. Ein Mensch, welcher seinen Partner liebt, hört sich die Sorgen des Partners bezüglich der Krankheit an, tröstet ihn und steht ihm bei, was den emotionalen Bereich der sozialen Unterstützung darstellt. Er wird seinen Partner ebenfalls unterstützen, indem er, solange der Partner wegen der chronischen

---

[24] Vgl. Gerrig/Zimbardo (2008), S.484
[25] Borgmann/Rattya/Lampert (2017), S. 117ff
[26] Vgl. Gerrig/Zimbardo (2008), S.483

Krankheit möglicherweise weniger arbeiten kann, ihn in instrumenteller Sicht unterstützt, indem er für den Partner die Miete zu größeren Anteilen übernimmt, den Einkauf erledigt oder ihm Linderndes besorgt. Betrachtet man den informationellen Teil der sozialen Unterstützung, so wird der Partner des chronisch Kranken ihm alle Informationen zukommen lassen, welche er über die Krankheit und die Milderung derselben finden kann, denn es kommt in diesem speziellen Fall sowohl der betroffenen Person, als auch ihrem Partner zugute, wenn es der betroffenen Person besser geht Somit kann man sagen, dass in einer funktionierenden Partnerschaft soziale Unterstützung in allen Bereichen gegeben ist. Geht man jedoch mehr in die Tiefe, sollte man feststellen, dass es Unterschiede gibt, inwieweit dies tatsächlich hilfreich ist. So muss man beachten, dass es laut den Forschungen, welche es zu diesem Thema gibt, Unterschiede zwischen Männern und Frauen vorhanden sind. So können Frauen die soziale Unterstützung aufgrund ihrer Entwicklung besser annehmen als Männer. Also könnte man kritisch anmerken, ob die Schlussfolgerung sowohl für Frauen als auch für Männer, als bestätigt angesehen werden kann. Des Weiteren empfindet jeder Mensch die soziale Unterstützung anders. Manch einem ist die empfangene Unterstützung zu viel des Guten und er fühlt sich dadurch emotional unter Druck gesetzt. Im Sinne von „jetzt hab ich ihm doch so viel Unterstützung zukommen lassen, jetzt sollte die Krankheit aber auch mal besser werden". Wird die Krankheit nicht besser, so könnte der belastete Partner den Gedanken entwickeln, dass der sich sorgende Partner denkt, die soziale Unterstützung, welche er seinem kranken Partner zukommen lässt, werde nicht wertgeschätzt oder führe zu nichts. Dies kann zu negativer Stimmung führen, was wiederum zu Verschlechterung des Gesundheitszustandes führen könnte. Außerdem könnte allein der Druck dem helfenden Partner einen Gefallen tun zu wollen, die Krankheit verschlimmern statt sie zu kurieren. Insgesamt würde ich sagen, man kann keine allgemeine Meinung hierzu abgeben und es muss jeder Fall individuell betrachtet werden. Es kann aber gesagt werden, dass das Vorhandensein einer sozialen Unterstützung im richtigen Maße positiver auf den Krankheitsverlauf auswirken wird als alleine gelassen zu werden.

Textteil zu Aufgabe C3

Um die Ängstlichkeit definieren zu können, kann man sich Searsons Modell allgemeiner Ängstlichkeit näher anschauen. Dieses betrachtet gleichzeitig die daraus folgende Genese der Prüfungsangst. [27] Laut Searson ist es für die Genese von Ängstlichkeit entscheidend, dass ein Mensch in seiner Kindheit die Erfahrung macht, von den Eltern generell unterbewertet zu werden.[28] Sind die Anforderungen der Eltern an ihr Kind sehr hoch und kann es diese nicht erfüllen, erfährt es stetige Missgunst der Eltern, welche dazu führt, dass das Kind sich von den Eltern nicht wertgeschätzt fühlt. Es entwickelt eine Art Feindseligkeit gegenüber seiner Eltern. Wird diese von den Eltern bemerkt, führt dies wiederum zur Androhung und möglicherweise zur Umsetzung von Strafen gegen das Kind. Dies führt zu einem nicht enden wollenden Kreislauf, wodurch das Kind Ängstlichkeit und Prüfungsangst entwickelt.[29] Die ängstliche Reaktion des Kindes kann zusätzlich durch Fantasien darüber verstärkt werden, welche Folgen die Feindseligkeit gegenüber den Eltern nach sich ziehen könnte. Solche Fantasien können sich zum Beispiel auf mögliche Vergeltungsmaßnahmen der Eltern beziehen. Daraus können Verlassenheits- und Hilflosigkeitsängste resultieren, wenn gleichzeitig die Abhängigkeit von den Eltern wahrgenommen wird.[30] Eine weitere Definition der Ängstlichkeit gibt es von dem Team um Spielberg. Im Gegensatz zu Searsons Modell, in dem die Ängstlichkeit zum größten Teil durch die Abwehrhypothese erklärt wird, vertreten sie ein Modell, das auf der Hypothese beruht, dass Angst reaktives Verhalten darstellt.[31] Die „Eigenschafts-" oder „Dispositionsangst" (trait anxiety) – im deutschen Sprachgebrauch wird der Begriff „Ängstlichkeit" benutzt - kennzeichnet die Bereitschaft einer Person, einen weiten Situationsbereich als gefährlich oder bedrohend wahrzunehmen und auf eine Bedrohung mit einem Angstausbruch (Angstzustand: state anxiety) zu reagieren.[32] Die Bezeichnung der dispositionellen oder Eigenschaftsangst bezieht sich auf relativ stabile interindividuelle Unterschiede in der Neigung, weite Situationsbereiche als bedrohlich und Selbstwertgefährdend wahrzunehmen und darauf mit Angstzuständen

---

[27] Vgl. Schellhas (1993), S.27
[28] Vgl. Schellhas (1993), S.27
[29] Vgl. Schellhas (1993), S.27
[30] Schellhas (1993), S.27
[31] Vgl. Schellhas (1993), S.29
[32] Schellhas (1993), S.29

zu reagieren. Diese als Ängstlichkeit betitelte Eigenschaft dirigiert die interindividuellen Unterschiede der Intensität und Häufigkeit von Angstzuständen.[33] Angenommen wird, dass sie ebenso im Zusammenhang mit der Intensität und Häufigkeit von vergangenen Angstzuständen steht. Dies nennt sich „erlernte Ängstlichkeit". Ähnlich wie in dem Modell von Searson sehen die Forscher um Spielberg die Ursache für Ängstlichkeit in der Kindheit. Sie wurde durch Liebesentzug oder Bestrafungen durch Eltern und Lehrer begründet. Wer dies in der Kindheit erfahren hat, neigt zur Entwicklung von Minderwertigkeitskomplexen und daraus resultierender Ängstlichkeit. Durch die Erfahrung neigen Personen mit niedrigen Selbstwertgefühlen dazu in selbstwertbedrohenden Situationen mit erhöhter Ängstlichkeit zu reagieren.[34] Menschen mit erhöhter Ängstlichkeit neigen zu Entwicklung von Abwehrmechanismen, um Situationen, welche die Ängstlichkeit auslösen, zu entrinnen. Dies kann beispielsweise Verleugnung, aber auch Gegensteuern und Verlassen der Situation bedeuten.[35] Personen mit einer hohen Ängstlichkeit (trait) verwenden häufiger und stärker Verdrängungs- und Verleugnungsstrategien.[36]

Wie ist es aber nun möglich, den Grad der Ängstlichkeit zu messen, unter dem eine Person leidet? Es wurde in Anlehnung an das Angstkonzept ein Fragebogen entwickelt. Dieser nennt sich STAI (State Trait Anxiety Inventory) und enthält jeweils 30 Items. Er erfasst die Zustands- sowie die Eigenschaftsangst. Wie die meisten Tests orientiert er sich daran, wie die Menschen sich selbst beurteilen. Es gibt jedoch einen weiteren Test, welcher im Gegensatz zu den anderen Tests eine indirekte Messung ermöglicht. Der sogenannte Implizite Assoziationstest zur Erfassung von Ängstlichkeit (IAT-Ängstlichkeit; Egloff und Schmukle,2002). Diese steht in der Tradition der objektiven Testverfahren.[37] In diesem Test wird die Ängstlichkeit der Testpersonen folgendermaßen erhoben: „Hierbei werden nacheinander in verschiedenen Blöcken Stimuli der Kategorien Angst, Gelassenheit, „Ich" und „Andere" am Computer dargeboten."[38] Bei diesem Test sitzt eine Person vor dem Computer und bekommt verschiedene Begriffe dargeboten. Sie muss nun durch Drücken von bestimmten

---

[33] Schellhas (1993), S.29
[34] Schellhas (1993), S.29
[35] Vgl. Schellhas (1993),, S.29ff
[36] Schellhas (1993), S.31
[37] Vgl. Krohne/ Egloff/ Schmukle In: Weber/Rammsayer (2005), S.389
[38] Krohne/ Egloff/ Schmukle In: Weber/Rammsayer (2005), S.389

Tasten angeben, ob diese in die Kategorie „Ich" oder „Angst" gehört (linke Taste), oder in die Kategorie „Andere" oder „Gelassenheit" (rechte Taste). Dies gilt im ersten kritischen Block. In einem 2. Kritischen Block sind „Ich" und „Gelassenheit" der linken Taste und „Andere" und „Ängstlichkeit" der rechten Taste zugeordnet.[39] „Grundlegende Annahme des IAT ist, dass – falls zwei Konzepte stark assoziiert sind - die Kategorisierungsaufgabe dann schneller auszuführen ist, wenn die assoziierten Konzepte derselben Taste zugeordnet sind."[40] Möchte man die Stärke des impliziten Selbstkonzepts der Ängstlichkeit berechnen, gilt es zu berücksichtigen, dass die Konzepte „Ich" und „Angst" vergleichsweise stark assoziiert sind. Die Berechnung wird durchgeführt, indem man die durchschnittliche Reaktionszeit im ersten kritischen Aufgabenblock von der im zweiten kritischen Aufgabenblock abzieht.[41] In Abhängigkeit vom Ausmaß der Ängstlichkeit werden verschiedene Angststörungen unterschieden. Zu diesen angstbezogenen Störungsbildern gehören auch sogenannte Zwangsstörungen. Betrachtet man das Erleben der Kranken, so kann man sagen, dass sich das Entwickeln einer Zwangsstörung in drei Episoden abspielt. Zunächst treten aufgrund von „schweren" Zeiten Emotionen auf, die die Kranken nicht bewältigen können. Daraufhin entwickeln sie Konfusions- und Unvollständigkeitsgefühle, wodurch sie den Drang nach Sicherheit und Vorhersehbarkeit entwickeln. Sie haben den Eindruck, Kontrolle über ihren inneren Zustand zu erlangen, indem sie zwanghafte Handlungen ausführen, gegen die sie aber wiederum ankommen müssen.[42] Kurz und knapp lassen sich Zwangsstörungen also folgendermaßen beschreiben. Sie liegen dann vor, wenn immer wieder Zwangsgedanken, Zwangsimpulse und daraus folgend Zwangshandlungen auftreten.[43] Als Zwangsgedanken werden Gedanken, Impulse und Vorstellungen betitelt, die sich einem Menschen gegen seinen eigenen Willen aufdrängen. Gegen diese Gedanken wehrt sich der betroffene Mensch vergebens, sie treten auf, egal wie sehr er sich dagegen wehrt. Durch diese Zwangsgedanken entsteht Anspannung, welcher sich der betroffene Mensch durch Gegenhandlungen versucht zu entledigen. Er entwickelt hierfür Rituale, welche die Gedanken neutralisieren sollen. In der Folge kommt es dazu, dass die Menschen diese Handlungen ausführen, ohne noch zu

---

[39] Vgl. Krohne/ Egloff/ Schmukle In: Weber/Rammsayer (2005), S.389
[40] Krohne/ Egloff/ Schmukle In: Weber/Rammsayer (2005), S.390
[41] Vgl. Krohne/ Egloff/ Schmukle In: Weber/Rammsayer (2005), S.389
[42] Vgl. Hoffmann In: Ambühl (2005), S.1
[43] Vgl. Nedermeier/ Zaudig In: Zaudig/Hauke/Hegerl (2002), S.1

wissen weshalb sie diese Handlungen zwanghaft ausführen. Außerdem verlieren diese Handlungen nach und nach an Wirkungsstärke und müssen so, um einen Effekt auszulösen, immer häufiger ausgeführt werden.[44] So wird die betroffene Person immer tiefer in einen Teufelskreis der Zwangsstörung gezogen. Ist ein Mensch in einer Zwangsstörung gefangen, kann sich dies negativ auf sein Leben auswirken. Er ist hauptsächlich auf seine Zwangsgedanken und Zwangshandlungen konzentriert und schadet dadurch seinem Beruflichen und privaten Leben, etwa der Partnerschaft. Es ist diesen Menschen oft bewusst, dass sie einer Zwangsstörung unterliegen und es nicht normal ist, wie sie sich verhalten. Es ist ihnen zudem peinlich und sie können den Beginn der Zwangsstörung nicht mehr nachvollziehen, jedoch können sie nicht entgegen dem inneren Zwang handeln.[45] Dem gegenübergestellt möchte ich die zwanghafte Persönlichkeitsstörung auch Anankastische Persönlichkeitsstörung genannt, genauer betrachten. Ebenso wie die Zwangsstörung beruht sie auf Zweifel an sich selbst. Menschen, welche unter dieser Störung leiden, haben eine grundsätzlich pessimistische Lebenseinstellung, welche auf der Basis von zu strenger Erziehung in Kindheit und Adoleszenz beruht.[46] Sie geht jedoch mit einigen weiteren Einschränkungen und Belastungen im Alltag einher. Eine Person, welche unter der zwanghaften Persönlichkeitsstörung leidet, leidet unter übertriebener Gewissenhaftigkeit und Perfektionismus und dem Gefühl, sich stets an hohen Normen orientieren zu müssen, welche zum Ausgleich zu der ihr eigenen grundsätzlichen pessimistischen Lebenseinstellung wirken soll. Sie beschäftigen sich stets genauestens mit den Regeln und organisatorischen Plänen und Fragen. Sie können nichts durchführen, ohne darauf zu achten, es bestmöglich zu machen, anderenfalls werden sie nervös und empfinden eine innere Unruhe. Sie haben stets das Gefühl, alles unter Kontrolle haben zu müssen, was natürlich nur partiell gelingt. Auch dies führt zu unangenehmen Gefühlen.[47] Der ständige Perfektionismus führt in der Folge zudem oft dazu, dass sie mit den ihnen aufgetragenen Arbeiten nicht fristgerecht fertig werden. Dies kann sich demzufolge beruflich negativ auswirken. Führen sie eine Arbeit durch, können sie dies nicht tun, ohne dabei ständig zu kontrollieren, ob sie dies auf den Bestmöglichen Weg tun. Sie haben stets einen inneren Kontrollzwang, der sie dazu veranlasst, halsstarrig und starr zu reagieren, wodurch sie bei anderen

---

[44] Vgl. Nedermeier/Zaudig In: Zaudig/Hauke/Hegerl (2002), S.1
[45] Vgl. Nedermeier/Zaudig In: Zaudig/Hauke/Hegerl (2002), S.2
[46] Vgl. Hoffmann/Hofmann (2010), S.5
[47] Vgl. Hoffmann/Hofmann (2010), S.5

Menschen oftmals anecken. Haben sie das Gefühl, dass jemand nicht gewissenhaft und ihrem Perfektionismus angemessen handelt oder durch die Aktionen eines anderen Menschen ihnen der Weg der größten Perfektion verwehrt bleibt, werden sie diese Person streng darauf hinweisen, was dem Fremdbild von ihnen nicht zuträglich sein wird. Sie können außerdem nichts machen, ohne dass sie stets kontrollieren, ob es zur vollsten Zufriedenheit geschieht.

Des Weiteren belastet sie eine unverhältnismäßige Skrupelhaftigkeit und Gewissenhaftigkeit, welcher sie nie entspannt mit einer Situation umgehen lässt und so zu stetiger Angespanntheit.[48] Sie führen quasi einen stetigen Kampf mit ihrem eigenen Gewissen.[49] Solche Persönlichkeitsstörungen sind ausschließlich psychotherapeutisch behandelbar. Hat der Therapeut eine Beziehung zu der betroffenen Person aufgebaut, ist es ein wichtiger und erfolgsversprechender Ansatz der ständig vorhandenen Anspannung, der Person entgegen zu wirken. Dies lässt sich am besten durch Entspannungstechniken bewirken. Eine Methode, welche sich als gut umsetzbar herausgestellt hat und nicht so anstrengend wie Autogenes Training ist, ist die progressive Muskelentspannung.[50] Der Erfolg dadurch wieder in einen entspannteren Zustand zu kommen rührt daher, dass man wenn man unter innerer Anspannung leidet, was Teil der zwanghaften Persönlichkeitsstörung ist, sehr angespannte Muskeln hat, was zu weiteren unangenehmen Begleiterscheinungen führt. Führt man Übungen zur Entspannung der Muskeln durch, dient dies in dem Fall als gute Grundlage, die zwanghafte Persönlichkeitsstörung zu heilen oder zumindest abzumildern. Damit dies besser verstanden werden kann, nachfolgend ein kurzer Exkurs, was bei einer progressiven Muskelentspannung durchgeführt wird. Bei der progressiven Muskelentspannung spannt die Person zunächst einzelne Muskelpartien stark an, um sie anschließend bewusst zu entspannen. Zunächst mag einem dies paradox erscheinen, man muss jedoch beachten, dass dies natürlich leichter fällt eine Reaktion auf eine Aktion zu zeigen, die man zuvor bewusst durchgeführt hat. Der positive Nebeneffekt bei dieser Übung ist, dass der Muskel der aufgrund der inneren Anspannung zuvor angespannt war, nun gelockert wird. Nebenbei wird ein umso größerer Kontrasteffekt erzeugt, desto größer die vorherige Anspannung war. Dadurch gelingt es dem Therapeut, der unter der zwanghaften Persönlichkeitsstörung

---

[48] Vgl. Disse (2018), S.252
[49] Vgl. Hoffmann/Hofmann (2010), S.7
[50] Vgl. Aldenhoff (2007), S.187

leidenden Person, die innere Anspannung aufzuzeigen und ihm gleichzeitig eine Möglichkeit an die Hand zu geben, mit der er sich selbst helfen kann, diese Anspannung abzubauen.[51] Die zweite Säule der Therapie von zwanghafter Persönlichkeitsstörung ist die Exploration und Änderung des persönlichen Umfelds. Partner von Menschen, die diese Persönlichkeitsstörung haben, übernehmen oft Aufgaben im Alltag von der Person, da die Betroffenen häufig Defizite in einigen Lebensbereichen haben, in denen sie die Hilfe ihrer Partner benötigen. Im Gegensatz zu Gruppentherapien sind Partnerarbeiten oftmals von Erfolg gekrönt. Die dritte Säule der Therapie, welche wichtig sind um Erfolgserlebnisse zu erleben, ist dass man die meist äußerst rigiden kognitiven Schemata der Person bearbeitet.[52] Wichtig ist hierbei, dass man zwischen äußeren Normen und individuellen Aspekten der Wahrnehmung unterscheidet. Die äußeren Normen sollten abgeschwächt werden, die individuellen Aspekte der Wahrnehmung und die Wunscherfüllung sollten hingegen langfristig gestärkt werden.[53] Werden alle diese Aspekte berücksichtigt, sollte die Person anschließend von der zwanghaften Persönlichkeitsstörung geheilt sein.

---

[51] Vgl. Hofmann (2012), S.11
[52] Vgl. Aldenhoff (2007), S.187
[53] Vgl. Aldenhoff (2007), S.187

Literaturverzeichnis Alternative C

Bücher/Monografien

Aldenhoff, J. (2007), Psychiatrische Therapie, Stuttgart.

Disse, S. (2018), ICD-10 kompakt Heilpraktiker für Psychotherapie, 2. Aufl., München.

Gerrig, R.J./ Zimbardo, P.G. (2008), Psychologie, 18., aktualisierte Aufl., München.

Hoffmann, N./ Hofmann, B. (2010), Zwanghafte Persönlichkeitsstörung und Zwangserkrankungen, Berlin, Heidelberg.

Hofmann, E. (2012), Progressive Muskelentspannung Ein Trainingsprogramm, 3. Aufl., Göttingen.

Maltby, J./ Day, L./ Macaskill, A. (2011), Differentielle Psychologie, Persönlichkeit und Intelligenz, 2. Aktualisierte Aufl., Hallbergmoos.

Schellhas, B. (1993), Die Entwicklung der Ängstlichkeit in Kindheit und Jugend, 1. Aufl., Berlin.

Buchbeiträge/ Artikel in Sammelwerken

Hoffmann, N. (2005), Phänomenologie der Zwangsstörungen. In: Ambühl, H. (Hrsg.), Psychotherapie der Zwangsstörungen, Stuttgart, S. 1

Kienle, R./Knoll, N./Renneberg, B. (2006), Soziale Ressourcen und Gesundheit: soziale Unterstützung und dyadisches Bewältigen. In: Renneberg, B./Hammelstein, P. (Hrsg.), Gesundheitspsychologie, Heidelberg, S.107, 108

Krohne, H.W./ Egloff, B./ Schmukle, S.C. (2005), Ängstlichkeit. In: Weber, H./ Rammsayer, T. (Hrsg.), Handbuch der Persönlichkeitspsychologie und Differentiellen Psychologie, Göttingen, S. 389,390

Niedermeier, N./ Zaudig, M. (2002), Definition und Beschreibung der Zwangsphänomene. In: Zaudig, M./ Hauke, W./ Hegerl, U. (Hrsg.), Die Zwangsstörung Diagnostik und Therapie, Stuttgart, S. 1, 2

Artikel aus wissenschaftlichen Zeitschriften

Borgmann, L.-S./Rattay, P./Lampert, T. (2017), Soziale Unterstützung als Ressource für Gesundheit in Deutschland, Journal of Health Monitoring, S. 117 – 121

Mayer, J.D./ Salovey, P./ Caruso, D. R. (2004), Emotional intelligence: Theory, findings, and implications.Psychological Inquiry, 15, S.197 – 215

Schwarzer, R./ Knoll, N. (2007), Functional roles of social support within the stress and coping process: A theoretical and empirical overview. International journal of psychology 42(4), S. 243-252